AF243017

DISCOURS

SUR

LA RESTAURATION

DE LA LIBERTÉ FRANÇOISE,

PRONONCÉ le Jeudi 24 Septembre 1789, dans l'Eglife des Mathurins, en préfence de ce Diftrict, pendant la Bénédiction folemnelle de fes Drapeaux,

PAR M. BAUDART, Chanoine - Régulier de la Sainte - Trinité pour la Rédemption des Captifs, dit Mathurin, Bachelier de Sorbonne,

Au profit des Pauvres du Diftrict.

DISCOURS

SUR

LA RESTAURATION

DE LA LIBERTÉ FRANÇOISE.

Nox præceſſit, dies autem appropinquavit ; abjiciamus ergo opera tenebrarum, & induamur arma lucis. La nuit eſt preſque paſſée, le jour eſt proche; rejettons donc loin de nous toute œuvre de ténebres, & revêtiſſons-nous d'armes de lumiere. Epître de S. Paul aux Romains, c, 13. v. 12.

Lorsque la tempête eſt paſſée, & que par-delà ce nuage de mort, qui ſemble s'éloigner avec peine, un horizon ſerein ſe découvre enfin à nos yeux, alors, ô mes freres! ô mes concitoyens ! alors on aime à regarder en arriere ; & ſortant de cet état de trouble où toutes les impulſions ſont confuſes, toutes les paſſions indéterminées, l'eſprit, rendu à ſon énergie native, compare les jours avec délices, & l'ame ſe repoſe avec complaiſance ſur un ſentiment de bonheur. Ce moment eſt donc arrivé ! & le François, mort

A

depuis si long-tems à tous les droits de l'homme
& du citoyen, le François ressuscite libre ; & ce
même sceptre, qui servit dans des tems malheu-
reux pour creuser sourdement sa tombe, ce sceptre,
aux mains d'un roi juste, en souleve aujourd'hui
la pierre. Changement mémorable à jamais, vous
n'êtes point l'effet de ces vicissitudes communes,
qui renversent ou relevent tour-à-tour la fortune
d'un individu ! Pour rendre un peuple entier à
sa félicité premiere, il faut plus que des jeux du
hasard ; & quand l'édifice de la société s'est vu
saper jusques dans ses fondemens, quand il a
croulé de toutes parts & que les matériaux en ont
été dispersés, ce n'est pas assez, pour le relever,
du secours d'une main fortuite. Mais l'éternel ar-
chitecte de tout ce qui est bien, Dieu en pré-
paroit de loin la restauration ; & semblables à
l'enfant au sein de sa mere, nous allions voir
nos liens se détruire, à cet instant même où la
force de nos liens sembloit nous les montrer in-
destructibles. Des liens ! qu'ai-je dit, mes freres?
des entraves d'airain assujettissoient nos têtes, &
plus infortunés encore que ces victimes de sang,
offertes autrefois aux faux Dieux, des fleurs &
des rubans ne nous déguisoient point nos chaînes.
Oui, ce généreux peuple, que son nom seul
déclare libre, ce peuple dégénéré par degrés, bais-
soit servilement la tête sous un joug de quinze

fiecles. Les piques impofantes des Francs , ces boucliers retentiffans fur lefquels ils avoient volontairement proclamé roi leur égal, ces piques, ces boucliers n'étoient plus ; des miniftres tortionnaires les leur avoient ravis, en avoient forgé leurs fers ; & quels fers, citoyens! ils embraffoient tout, ils pefoient fur tout. Biens , talens, induftrie , vingt millions d'hommes tout entiers , étoient devenus le domaine, la propriété de quelques centaines d'hommes. Le fifc infatiable avoit étendu fes mille bras , & la penfée, ce fouffle divin, la penfée même s'étoit vue fa proie. Ici, c'eft la corvée dévorant la fubfiftance de cet homme de peine , qui , pour vivre toute l'année, a befoin du falaire de chaque jour ; là, l'orgueil ou l'avarice , condamnant à l'efclavage, à l'infamie celui qui a tué fur fon champ l'animal ennemi de fon champ ; ici, le pauvre forcé de fuir le dernier afyle même de l'indigence, où l'infâme cupidité cache la mort fous l'image du premier aliment de la vie ; là, le pauvre repouffé par l'homme ruftique , qui tremble que le don d'un peu de vin ne foit le fignal de fa ruine ; l'homme ferf enfin & vendu avec la terre qu'il a femée, comme le hoyau qui la brife , comme le bœuf qui la fillonne.

J'en conviendrai, meffieurs ; ainfi qu'on voit fous notre horizon la glace la plus épaiffe fe fondre

aux premiers rayons d'un foleil pur, à la voix de
Louis, cette fervitude affreufe, la fervitude per-
fonnelle avoit prefque difparu de la France; mais
telle que ces glaciers éternels fur qui l'aftre du
jour ne peut rien, une province encore avoit
fermé l'oreille & repouffé l'accent de la bienfai-
fance; mais fans en avoir le nom, une fervitude plus cruelle encore, peut-être, s'étendoit fur
toutes les provinces, & jufques dans la capitale,
avoit empreint fa marque fur tous les fronts. Les
droits étoient des abus, les abus des droits;
la religion n'étoit plus qu'une vaine chimere;
on avoit fu rendre fa voix muette; & fi l'arif-
tocratie s'affujettiffoit encore au culte, c'étoit fou-
vent pout le faire fervir de voile à la noire férie de
fes forfaits. Plus de religion, meffieurs, plus
de probité; plus de probité, plus de juftice; plus
de juftice, plus de liberté; plus de liberté, plus
de mœurs; plus de mœurs, plus de fûreté; plus
de fûreté, tout eft malheur. Alors votre honneur dépend du riche qui a réfolu d'atten-
ter à votre honneur; alors votre vie dépend du
puiffant qui croit gagner quelque chofe à votre
mort; alors un vil métal porte à tout, décide de
tout; alors un ariftocrate lie la juftice avec les
chaînes même de fa balance; alors un ariftocrate
brûle une maifon, & rifque l'incendie d'une ville
entiere, pour enlever une femme chafte, fous

prétexte de la fauver des flammes ; alors un ariftocrate détourne de fa route le tribut, le prix des
fueurs de l'homme champêtre, pour en engraiffer
fans pudeur l'infâme proftitution ; alors un ariftocrate écrafe fous la roue de fon char le jeune
fils à côté du pere, & plonge fon épée dans le
fein de ce pere qui crie vengeance.

Elle arrivoit d'un pas lent mais fûr, cette
vengeance, ou plutôt cette juftice. Déja, d'une
extrémité de la France à l'autre, le fang bouillonne
dans toutes les veines, à l'afpect du fang inno-
cent. Déja l'époux privé de l'époufe, le pere de
famille enlevé à fes enfans, le génie profcrit,
la vertu dans les cachots, & les opprimés & les
témoins de l'oppreffion, tous cherchant par-tout
la loi, & par-tout ne trouvant que fon ombre,
tous redefcendent à-la-fois au plus profond de leur
cœur ; & là, de cet œil interne que rien ne trompe,
mefurant ces mille tyrans, qui dévorent, au nom
d'un roi bon, la fubfiftance d'un bon peuple, l'âme
s'élance, délivrée des vains preftiges de l'ima-
gination ; l'antique barriere des préjugés eft fran-
chie, toute diftance s'efface, tout obftacle fuit, &
bientôt, à travers la tourbe des flatteurs & des
valets, à travers les épées menaçantes, & fous ce
luxe effréné qui le cache, l'homme reconnoît
l'homme, ou plutôt le monftre. La nature révoltée
s'indigne ; elle s'écrie : à cette voix que nul n'a

jamais méconnu, accourt la vérité sainte, non couverte à grands frais de vêtemens imposteurs, non demi-voilée, mais nue, mais parée de ses seuls attraits, & telle qu'aujour sacré, où jaillissant radieuse de la bouche de l'Éternel, elle vint de son pur flambeau éclairer le berceau du monde.

« Hommes, dit-elle, vous êtes tous égaux,
» tous libres, & tous vous avez un même droit,
» le droit imprescriptible d'être heureux ; le droit
» d'autrui doit être la seule borne du vôtre, &
» cette borne ne peut être fixée que par la loi ; la loi
» n'est telle qu'autant qu'elle est le vœu public de
» tous. Hommes, en fait de loi, l'esprit tue, la
» lettre vivifie. La loi est la main de Dieu sur la
» terre ; elle est pour tous, elle méconnoît les rangs,
» elle méconnoît la nature même. Sans l'égalité
» dans la peine, point de justice dans la punition ;
» sans la justice dans la punition, point de su-
» bordination durable. La principale force de la
» loi réside dans son exécution. Hommes, veillez
» donc avec soin au choix des hommes chargés
» du pouvoir exécutif. Si votre bonheur vous est
» cher, rejettez loin de vous la démocratie tu-
» multueuse, toujours suivie des fureurs popu-
» laires. Deux mille chefs commandent mal à-la-
» fois ; trop de passions se heurtent, trop d'in-
» térêts se divisent, qui ne devroient jamais être
» désunis ; & rarement, dans un si grand nombre
» de bouches, la loi conserve, comme elle le doit,

» son accent & sa simplicité native. Si plusieurs
» chefs conviennent à une peuplade naissante,
» il n'en faut qu'un à un grand peuple. Ah! Fran-
» çois, bénissez votre destinée ; vous avez un roi,
» & pour roi celui que vous auriez dû choisir
» entre tous les princes, si sa naissance ne l'eût
» point élevé au trône. Hélas ! sa seule erreur fut
» de pénser que dans le cœur des autres hommes
» étoient les vertus de son cœur. Ce n'est pas lui
» qui fit vos miseres ; il a gémi dès qu'il les a
» sues ; inquiet , effrayé , il a voulu les savoir
» toutes ; & le premier, à l'aspect des maux de
» son peuple , il a senti l'insuffisance d'un seul
» médecin. Le voilà qui rappelle auprès de lui
» l'homme integre, qui par cinq années de tra-
» vaux pénibles , avoit su rendre au corps po-
» litique, dans l'instant même de sa crise, une
» vigueur, un calme inconnus. Voyez comme ce
» nouvel Henri IV marche à grands pas à l'im-
» mortalité , appuyé sur ce nouveau Sully , sur ce
» ministre, né républicain, qui se dévoue entier
» au salut d'une monarchie ; qui rallume , hors
» de sa patrie, le feu sacré du patriotisme, &
» forcé de sacrifier aux foiblesses de l'humanité,
» a choisi, pour la porter à l'excès, celle de toutes
» les passions qui rapprochent le plus l'homme
» de la Divinité, la passion de faire le bien. »

Ainsi parle la vérité ; tout s'émeut doucement

à fa voix ; une pente infenfible entraîne les efprits ; un feu nouveau embrafe les cœurs ; la France fort de fa léthargie ; Louis l'appelle, Louis veut s'entourer de fon peuple : il veut que la nation affemblée affeye elle-même fur une bafe inaltérable l'édifice de la félicité publique : le bonheur des François, voilà fon but. Soyez dans la joie, familles nombreufes de laboureurs, hommes utiles, vrais foutiens de l'état ; foyez dans la joie, l'aifance patriarchale va fleurir fous vos toits modeftes, & fe perpétuer dans vos générations ; vous aurez enfin part aux délices de la vie, & vous devrez à L o u i s XVI ce que le bon Henri promettoit à vos tables. Point de facrifices trop grands, point de privations impoffibles pour lui : il ne fe borne pas à défirer que d'autres cedent au bien commun quelque chofe de leur bien particulier ; il ne fuit pas feulement de fes vœux des enfans chéris qui s'acheminent au bonheur ; lui-même il donne l'exemple, il aide, il confeille ; par fes foins enfin, le grand œuvre de la régénération des loix va s'opérer : les repréfentans s'avancent, chargés des intérêts de la nation ; les portes du temple de la liberté s'ouvrent devant eux ; le monarque s'eft devêtu, pour ainfi dire, entre leurs mains de la fouveraine autorité ; mille cris de joie frappent les airs, &

le François jouit par avance des reſtitutions pro-
miſes.

Mais le vil égoïſme, le faux honneur, l'intérêt
ſordide s'éveillent ; ils frémiſſent à la vue de la
proie immenſe qui leur échappe ; le retour de
cette juſtice, qu'ils ont tant violée, les effraie ;
l'extinction prochaine de ces uſurpations odieuſes,
qu'ils ont ſi long-tems appellées droits, les irrite ;
l'aſſujettiſſement aux charges les révolte : de là,
les refus, les lenteurs, les contrariétés ſourdes,
les oppoſitions manifeſtes, tous les reſſorts de
l'intrigue & de la baſſeſſe. Des hommes illuſtres
oublient ce qu'ils doivent à la gloire des vrais
héros, leurs ancêtres ; des hommes de paix,
dépouillent leur caractere vénérable ; & les têtes
les plus auguſtes, entraînées par la ſéduction,
ſe baiſſent devant l'erreur. La religion du prince
eſt ſurpriſe ; des eſcadrons meurtriers accourent ;
une armée, compoſée de cohortes étrangeres,
ſe hâte ; la famine les ſuit ; toutes les routes ſe
hériſſent d'armes ; tous les canaux voiturent la
mort ; la capitale eſt inveſtie ; trente mille bras
ſe levent ſur elle, & le bronze va la foudroyer....

C'eſt dans les grands dangers, meſſieurs, que
ſe montrent les grandes reſſources..... O providence ! juſtice éternelle ! œil inviſible, mais infa-
tigable, qui embraſſe l'horizon du monde, &
cependant y ſuit cet atome dont le vent ſemble

se jouer..... O providence! tu veillois sur nous, tandis qu'endormis dans la confiance, nous reposions sur des sermens humains. Ce fut toi, sagesse profonde, qui, pour déconcerter d'infâmes projets, daignas permettre que nos ennemis se trahissent eux-mêmes, & que, dans l'enceinte autrefois sacrée de la demeure de nos rois, le poignard de l'aristocratie nous traçât sur le sable, avec le sang d'un citoyen sans armes, la loi terrible de la nécessité ! Comment vous retracer, messieurs, cette étonnante révolution? Les expressions me manquent, & j'abandonnerois l'esquisse, si vous n'aviez point vu le tableau. Ce n'est point ici la convulsion d'un peuple furieux qui se débat violemment dans ses fers, & s'épuisant lui-même par ses efforts redoublés, semble amener l'instant de sa propre destruction ; c'est une nation éclairée enfin sur sa force, sur sa vertu, qui use avec majesté d'une puissance originelle, & rentre presque tranquillement dans ses droits. On diroit que le grand œuvre de la création se renouvelle; on croit voir les élémens sortir sans confusion du sein de l'antique cahos, & s'arranger doucement, à la voix du maître, dans l'immensité des espaces. La cité a crié aux armes ; cent mille citoyens sont armés ; elle a dit : que ces foudres m'obéissent, & les canons marchent devant elle ; que ce fort tombe, ce fort n'est plus.

Qu'eſt devenue cette ligue formidable, qui demain écraſoit l'antique Lutece , & fouloit d'un pied victorieux les cendres de ſes habitans ? Où ſont ces ennemis audacieux, ſi forts de leurs richeſſes, de leurs titres, de notre reſpect, qui nagueres dévouoient nos maiſons aux flammes, nos enfans au glaive ? où ſont-ils ? Ils ont fuit diſperſés; ils cherchent ſous un autre ciel cette paix du cœur, qui ne s'achete point. Là, pour-ſuivis par le mépris , cette vengeance de tous les tems & de tous les lieux , rongés par le remords, toujours préſent, ils n'oſent ni fixer l'avenir , ni ſe retourner vers le paſſé. Dieu ! quel fut leur aveuglement, meſſieurs ! non d'a-voir penſé que quelques poignards, quelques torches puſſent en impoſer à tout un peuple; non d'avoir mis leur confiance en ces mercenaires étrangers qui trafiquent du ſang d'autrui, mais d'avoir compté pour des meurtres, ſur un ſoldat, un ſeul ſoldat françois ! Inſenſés ! qui avoit pu vous faire croire que ces braves guerriers, tou-jours prêts à donner leur vie pour la patrie, alloient aſſaſſiner la patrie ? Que ces généreux citoyens oublieroient, comme vous, leur pre-mier tittre , & qu'on les verroit lâchement enſevelir ſous les toits fumans de leurs peres l'honneur vierge de la nation ?.... Ah ! voyez-les, s'il ſe peut, ſans mourir de honte ; voyez-les, ces citoyens fideles, animant tout de leur préfence, élevant le courage des uns, réprimant l'ardeur inconfidérée des autres ; adouciffant, autant qu'il eft poffible, les douleurs cruelles que caufe toujours le travail de l'enfantement de la liberté ; obfervant tout, veillant à tout, & jouiffant d'un calme imperturbable devant ces bouches foudroyantes, dont chaque fon eft un cri de mort : voyez-les, ceux que vous méprifiez tant ; ceux que vous aviez dépouillés du droit de devenir vos égaux ; voyez-les foutenir aujourd'hui de leurs glaives purs les vraies colonnes de l'état, & couvrir d'un nom, devenu fameux en un jour, ces illuftres légiflateurs qui, par leur intrépide véracité, ont fu ajouter une nouvelle gloire à la gloire immortelle d'être les délégués de la nation ; voyez-les enfin, par leur amour pour la liberté, leur courage, leur patriotifme, mériter d'avoir à leur tête le héros de la liberté, du patriotifme & de l'honneur.

Quels biens incalculables, meffieurs, a déja produit cette union conftante du pouvoir & de la raifon, de la force & de la juftice ! La Cité s'eft donné un maire qu'elle peut nommer avec orgueil, des repréfentans dont le mérite vrai n'eft comparable qu'à leur zele fans borne, & que feconde avec fuccès chacune de ces affemblées refpectables, où l'on ne connoît de rivalité que celle des talens & des vertus. Tous vos momens, il eſt vrai, meſſieurs, ont été marqués juſqu'ici par de nouvelles peines, de nouvelles fatigues ; mais eſt - il encore des peines, des fatigues que ne faſſe oublier le ſeul ſouvenir du jour de votre triomphe, du triomphe d'un roi citoyen, qui, fort de ſa conſcience & gardé par ſes ſeules vertus, vient conſacrer par ſa préſence, & nos armes & nos drapeaux. Il me ſemble le voir encore ce monarque, au milieu d'un peuple ivre de joie, aſſez grand pour s'avouer trompé, promenant des yeux deſſillés ſur le peuple qui l'éclaira ; & d'un regard ami légitimant en quelque ſorte ces nouveaux enfans de la nature, rentrés dans leurs droits preſqu'à ſon inſu. Oui, j'en atteſte vos cœurs, François ; dans ces heures de déſolation, où pour préſerver tout ce qui eſt cher il vous fallut ſortir le glaive du fourreau, & vous couvrir d'un rempart de feu, votre crainte, votre ſeule crainte alors fut que des motifs purs n'arrivaſſent au trône, altérés par une trop longue route, & que des traîtres, toujours prompts à voiler au prince les cœurs de ſes fideles ſujets, ne peigniſſent à ſes yeux, des couleurs ſanglantes de la révolte, l'indiſpenſable effet d'une ſage défenſe. Les faſtes de l'hiſtoire ne nous le prouvent que trop, meſſieurs ; on a vu des rois abuſés placer la grandeur dans l'opiniâtreté, & vouloir ſceller avec le ſang une autorité reconnue injuste. On a vu des peuples respectueux forcés d'oublier une modération devenue vaine, & les vainqueurs, quels qu'ils fussent, arrosant leurs trophées de leurs larmes. Mais oublions ces scenes désastreuses, dignes des tems de barbarie, qui les virent naître. La vérité s'est fait jour jusque dans le cœur des souverains : par elle, ils ont appris qu'où il n'y a point de bonheur pour les peuples, il ne peut y en avoir pour les rois, & qu'il n'est d'encens pur que celui qui fume sur l'autel de la liberté.

Déja Louis, en déliant les mers, en fécondant sur un sol étranger le germe de la liberté, Louis sembloit nous annoncer qu'un jour, par ses soins, ce doux fruit écloroit sur sa propre terre ; cet espoir n'a point été trompé, &, de son propre aveu l'étendard du patriotisme s'avance pour recevoir le sceau de la religion : n'oublions jamais, mes freres, que sans elle il n'est point de liberté véritable. L'homme vraiment libre, est celui qui, rendu par la loi indépendant des passions d'autrui, a su se rendre par ses efforts indépendant même des siennes. Eh ! qui mieux que la religion tend à nous faire acquérir cette science, ou plutôt à nous donner cette force ? Quel code établit mieux que l'évangile de Jésus-Christ, ce que l'homme doit au prochain, ce que l'homme se doit à lui-même ? Oui, mes freres, ayons en

tous lieux, en tout tems, ayons fans ceffe te
faint livre devant les yeux ; fans ceffe il nous
fera fouvenir que nous fommes tous citoyens,
tous freres ; que l'arme devant qui tout cede,
eft la modération qui réprime, & non la vengeance qui frappe ; que la licence, ennemie née
de toute fociété, porte des coups toujours ter-
ribles, & que le plus dangereux, peut-être, eft
de faire haïr celle dont elle a pris le nom. En
garde, freres, [en garde contre la perfide !
mille ennemis cachés la nourriffent encore, l'ar-
ment encore fecrétement ; ils n'attendent qu'une
proie facile, & tiennent le monftre en arrêt.
Vous la reconnoîtrez fans peine à fa voix toujours menaçante, à fon regard dur & farouche,
à fes geftes violens & forcés, aux injures qui
fortent de fa bouche, aux excès auxquels fa fu-
reur l'abandonne. La liberté difcute & ne crie
point ; elle prouve & n'injurie point ; comme la
licence elle porte un flambeau, mais elle ne
l'agite point dans les carrefours : toutes deux
font armées du glaive ; mais l'une s'en fert pour
défendre un droit, l'autre pour provoquer un
crime. Elle voudra fe cacher à l'ombre de vos
lauriers, meffieurs : oppofez-lui tout votre courage ; ne permettez pas, ne fouffrez jamais que
ces drapaux faints lui fervent de voile : de cette
ferme réfiftance dépendra le bonheur de tous ;

& redevables à votre enthoufiafme facré du plus précieux des biens, nous le ferons encore à votre fageffe, & de fa confervation entiere & de fa jouiffance paifible. Oui, oui, guerriers de la nation, avocats de la caufe publique, vous tous citoyens patriotes, je le jure hardiment, en votre nom, dans cette chaire de vérité; oui, vous conferverez pure & fans tache cette cocarde de l'honneur que LOUIS a portée comme vous: fongez qu'un peuple, notre ancien rival, que l'Europe entiere étonnée, que l'univers a les yeux fur nous. Montrons à l'univers ce que font des François libres; qu'il foit forcé d'avouer, qu'abftraction faite du plus légitime des droits, la feule modération des vainqueurs leur avoit mérité de l'être. Ainfi-foit-il.

De l'Imprimerie de la veuve VALADE, rue des Noyers. 1789.